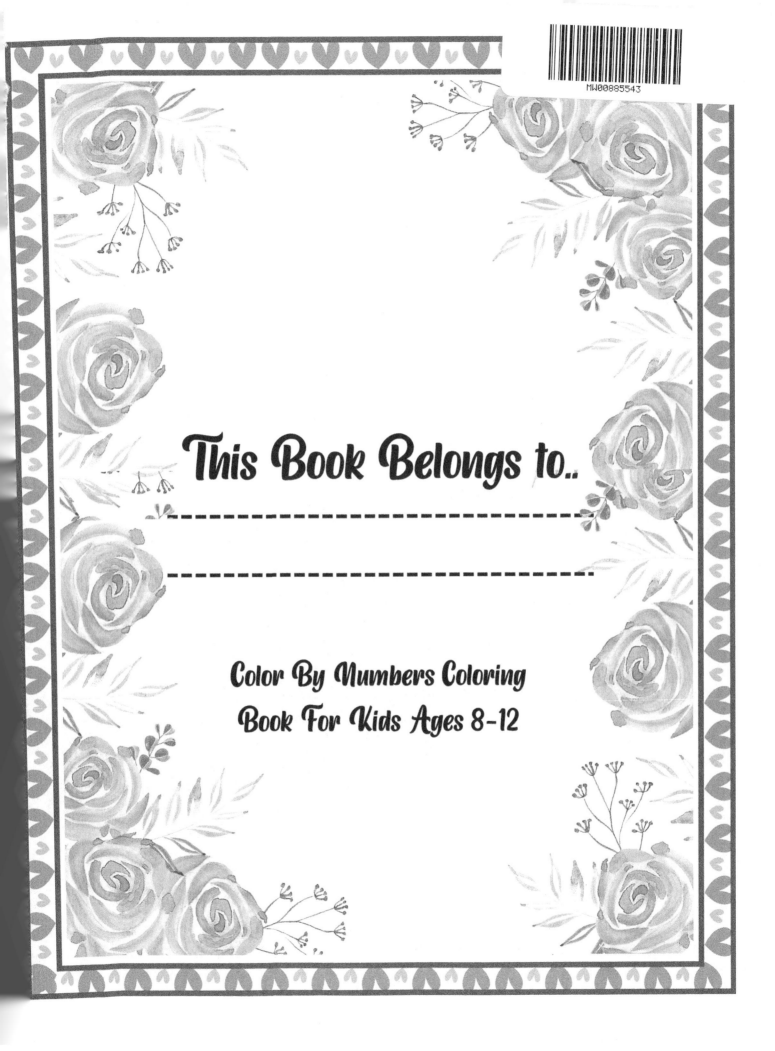

This Book Belongs to..

Color By Numbers Coloring
Book For Kids Ages 8-12

Color By Numbers

COLORING BOOK FOR KIDS AGES 8-12

THIS COLORING BOOK FEATURES:

- 50 unique stress-relieving color by number designs.
- Each page is printed on a single side making them easy to remove for display
- Each page is professionally composed to provide the highest quality
- Perfect for anyone who enjoys art.
- Each page is 8.5 inches by 11 inches
- Printed on bright white paper, 60-pound stock
- Order your copy today

MAKES A WONDERFUL AND UNIQUE GIFT!

GET YOUR COPY TODAY!

COLOR TEST PAGE

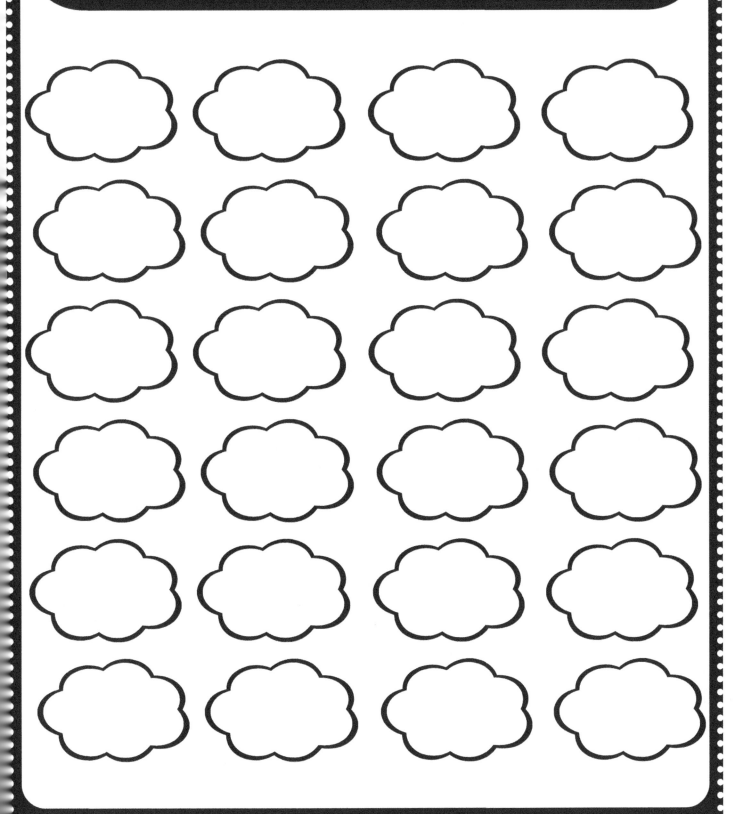

1.YELLOW 2.ORANGE 3.PINK
4.RED 5.CYAN 6.BROWN
7.BLUE 8.GREEN

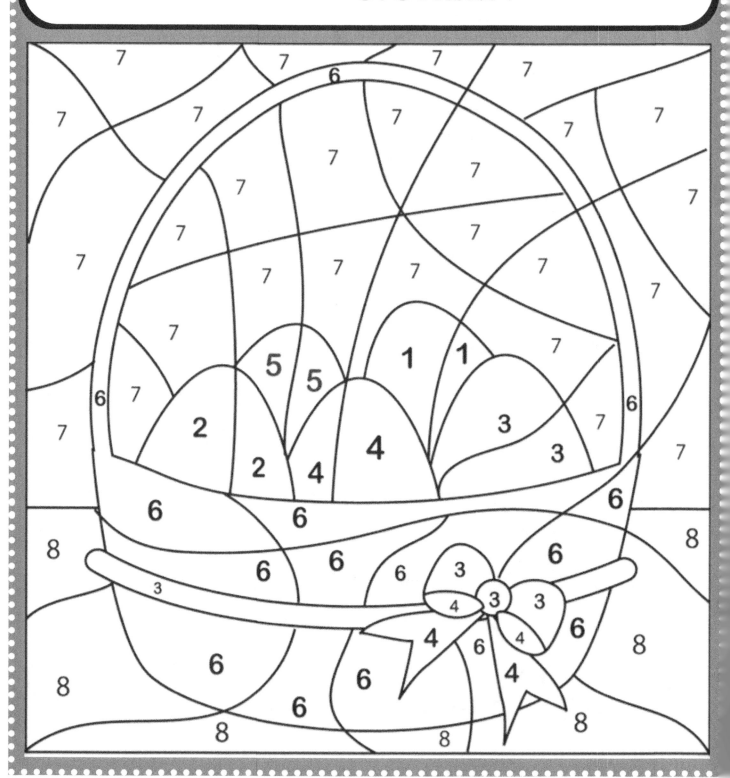

1.SOFT CYAN   2.BLUE   3.GREEN
4.DARK GREEN   5.ORANGE   6.BRIGHT ORANGE
7.BRIGHT RED   8.DARK RED

1.LIGHT BLUE   2.BLUE   3.GREEN
4.DARK GREEN   5.YELLOW   6.ORANGE
7.GREY   8.BROWN

1.PINK 2.BLUE 3.YELLOW

4.ORANGE 5.GREEN

1.GREEN   2.DARK GREEN   3.BROWN

4.LIGHT BLUE 5.YELLOW 6.BLACK   7.RED

8.BEIGE   9.BLUE   10.ORANGE

1.LIGHT BLUE 2.BLUE 3.GREEN
4.BROWN 5.YELLOW 6.ORANGE
7.PURPLE

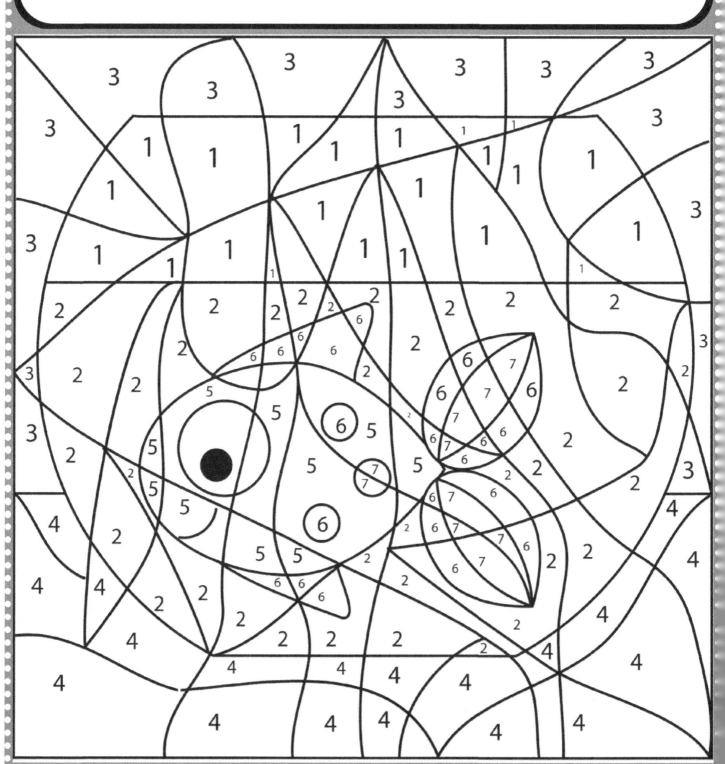

1.ORANGE 2.SKY BLUE 3.GREEN

4.SEP GREEN 5.RED 6.YELLOW

1.YELLOW 2.DARK GRAY 3.SKY BLUE

4.GREEN 5.LIGHT BROWN   6.GRAY

1.CREAM 2.LIGHT BROWN 3.DARK BROWN

4.GREEN   5.SKY BLUE   6.LIGHT GREEN

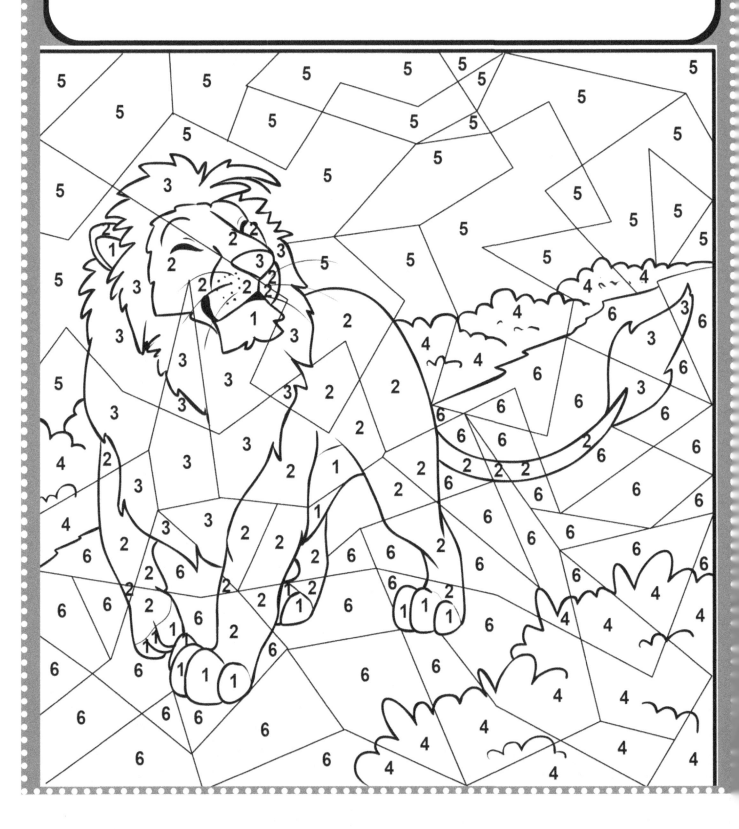

1.BROWN 2.CREAM   3.YELLOW
4.GREEN 5.ORANGE 6.LIGHT GREEN

1.PURPLE 2.SKY BLUE 3.YELLOW
4.BROWN 5.ORANGE 6.RED

1.LIGHT BLUE 2.PINK 3.GREEN
4.DARK GREEN 5.GREY 6.ORANGE
7.RED

1.LIGHT BLUE   2.GREY   3.GREEN
4.DARK GREEN   5.YELLOW   6.ORANGE
7.BLACK   8.BROWN

1.YELLOW 2.GREY 3.BROWN
4.BLACK 5.PINK 6.GREEN
7.RED 8. BLUE

1.DARK GREEN   2.BRIGHT ORANGE   3.GREEN
4.BRIGHT RED   5.DESATURATED GREEN   6.DARK GREY
7.SOFT CYAN   8.BRIGHT ORANGE   9.SOFT RED

1.DARK GREEN   2.GREEN   3.BRIGHT ORANGE

4.ORANGE   5.DARK ORANGE   6.SOFT RED

7.SOFT RED

1.BROWN   2.YELLOW   3.SOFT CYAN
4.ORANGE   5.DARK GREEN   6.SOFT ORANGE
7.GREEN   8.DARK BLUE

1.GREEN   **2.ORANGE**   **3. BLUE**

4.LIGHT ORANGE   **5.YELLOW**   **6.PINK**

1.CYAN   2.GREEN   3.WHITE
4. BLUE   5.RED   6.SOFT RED
7.LIGHT ORANGE

1.WHITE 2.LIGHT BLUE 3.GREY 4.BLACK

5.PINK 6.ORANGE 7.BROWN 8.GREEN

1.YELLOW 2.BROWN 3.RED

4.PINK 5.BLUE 6.GREEN

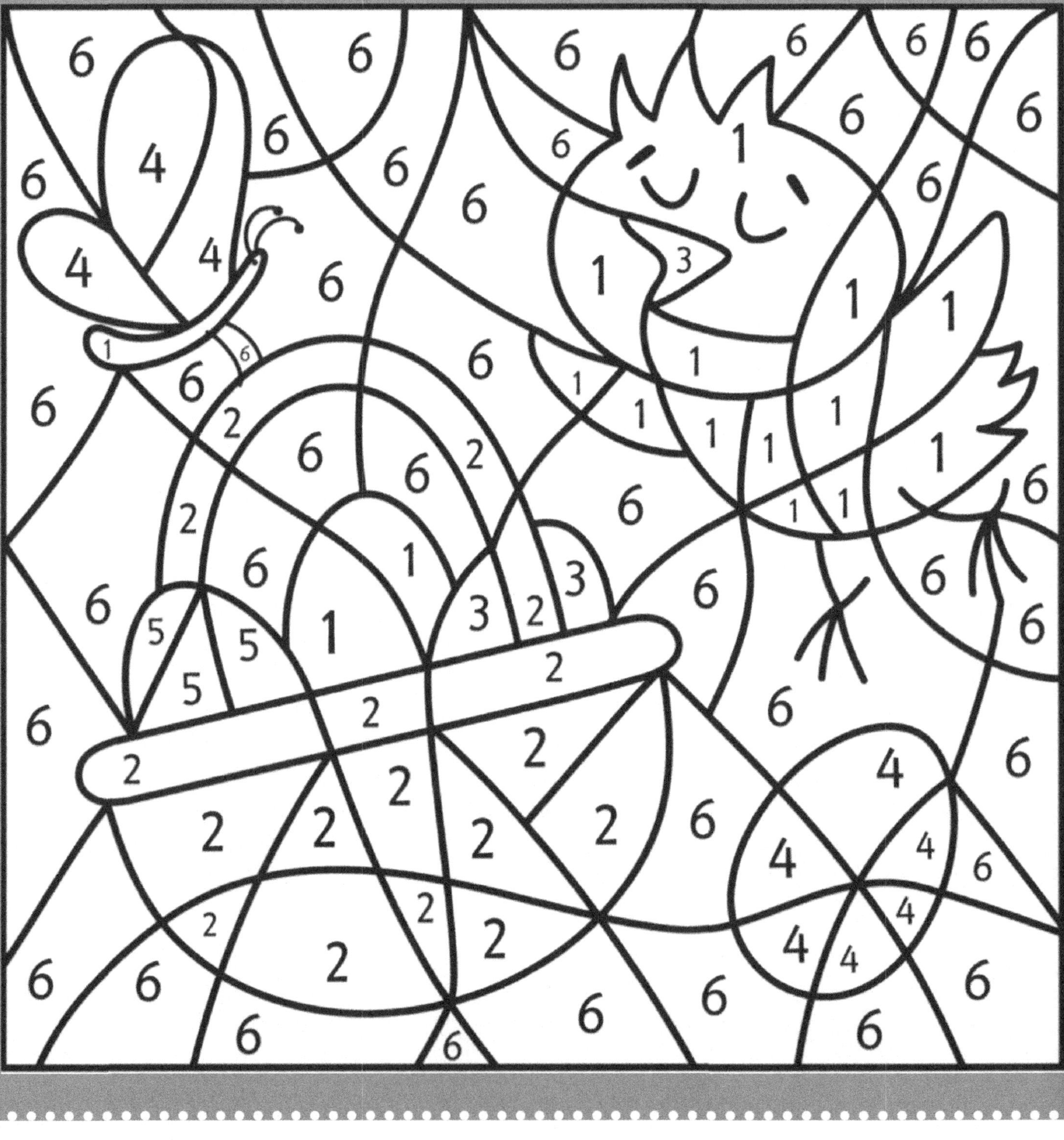

1.LIGHT BLUE   2.RED

3.GREEN   4.BLACK

1.BROWN 2.BLACK 3.PINK
4.RED 5.VIOLET 6.YELLOW
7.ORANGE 8.GREEN

1.BLUE 2.SOFT CYAN 3.GREEN
4.YELLOW 5.BROWN 6.CYAN
7.PINK 8.LIGHT GREEN

1.YELLOW 2.GREY 3. BLUE
4.RED 5.PINK 6.GREEN

1.GREEN
2.RED
3.LIGHT BROWN
4.BROWN

1. YELLOW **2. BROWN**

3. GREEN **4. DARK GREEN**

1.BLACK 2.LIGHT BLUE 3.BLUE
4.GREEN 5.YELLOW 6.RED
7.ORANGE 8.VIOLET

1.YELLOW   2.ORANGE
3.GREEN   4.RED
5.BROWN

1.LIGHT BLUE   2.GREEN

4.PINK   3.DARK GREEN

5.RED

1.YELLOW 2.DARK BLUE 3.RED

4.PINK 5.GREEN 6.LIGHT BLUE

1.LIGHT BLUE 2.BLUE 3.GREEN
4.DARK GREEN 5.YELLOW 6.GREY
7.BLACK 8.BROWN

1.WHITE 2.LIGHT BLUE 3.GREY
4.BLACK 5.PINK 6.ORANGE
7.BROWN 8.GREEN

1.WHITE 2.LIGHT BLUE 3.BROWN
4.GREY 5.YELLOW 6.DARK GREEN
7.PINK   8.ORANGE   9.RED

1.ORANGE   2.GREY

3.BLUE   4.RED

5.BROWN

1.GREEN   2.YELLOW
3.ORANGE   4.BLUE
5.PINK

1.RED   2.LIGHT BLUE   3.DARK BLUE

4.LIGHT YELLOW 5.DARK YELLOW   6.PURPLE

1.YELLOW 2.ORANGE 3.SOFT CYAN
4.GREEN 5.WHITE 6.DARK GREY
7.DARK GREEN

1.SOFT CYAN 2.VERY SOFT CYAN 3.BRIGHT RED
4.VIVID ORANGE 5.LIME GREEN 6.STORNG ORANGE
7.GREYIISH CYAN

1.WHITE   2.RED   3.YELLOW

4.BROWN   5.GREEN   6.BLACK

7.BLUE

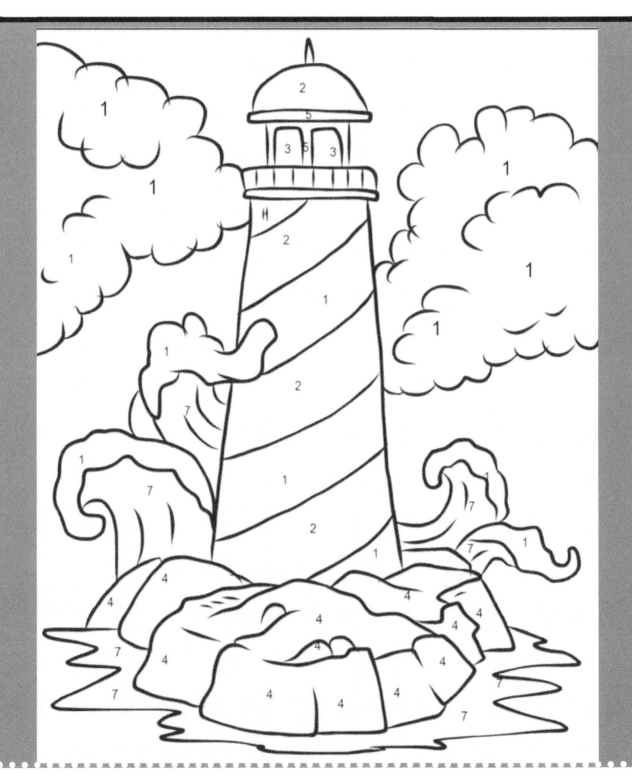

1.ORANGE 2.VIVID ORANGE 3.RED 4.YELLOW

5.SOFT PINK   6.BRIGHT PINK   7.GREEN

8.BRIGHT BLUE   9. BLUE   10.MAGENTA

1.WHITE   2.RED   3.GREEN

4.BLACK   5.YELLOW   6.BROWN

1.LIGHT GRAYISH CYAN 2.DARK GREEN

3.BRIGHT YELLOW 4.GRAYISH PINK 5.SOFT PINK

6.SOFT YELLOW 7.DARK VIOLET 8.DARK BLUE

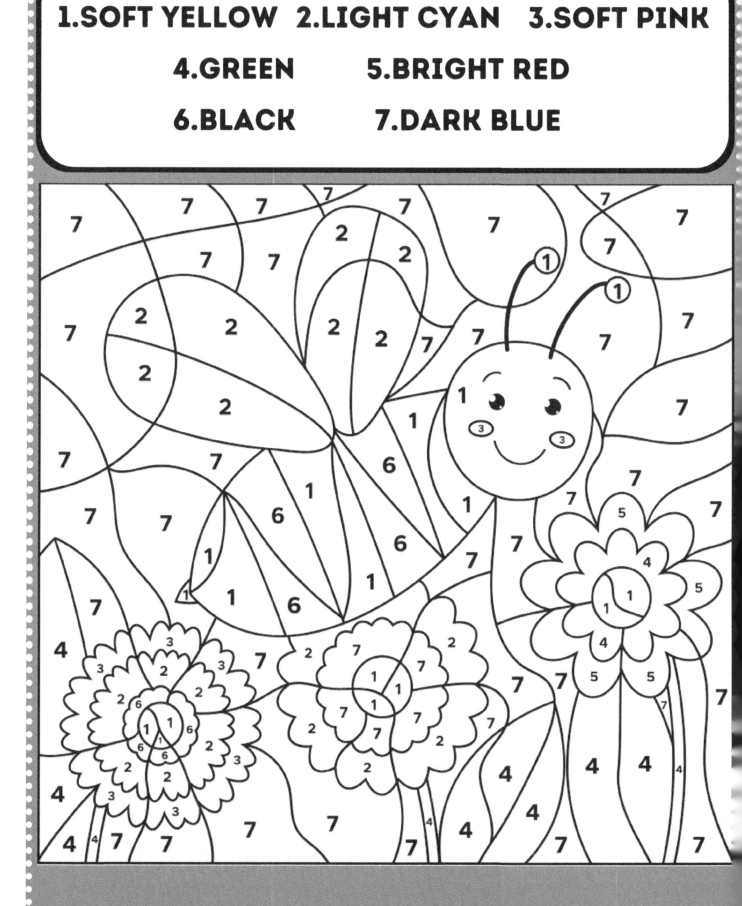

1.LIGHT BLUE   2.DARK BLUE   3.ORANGE

4.YELLOW   5.WHITE

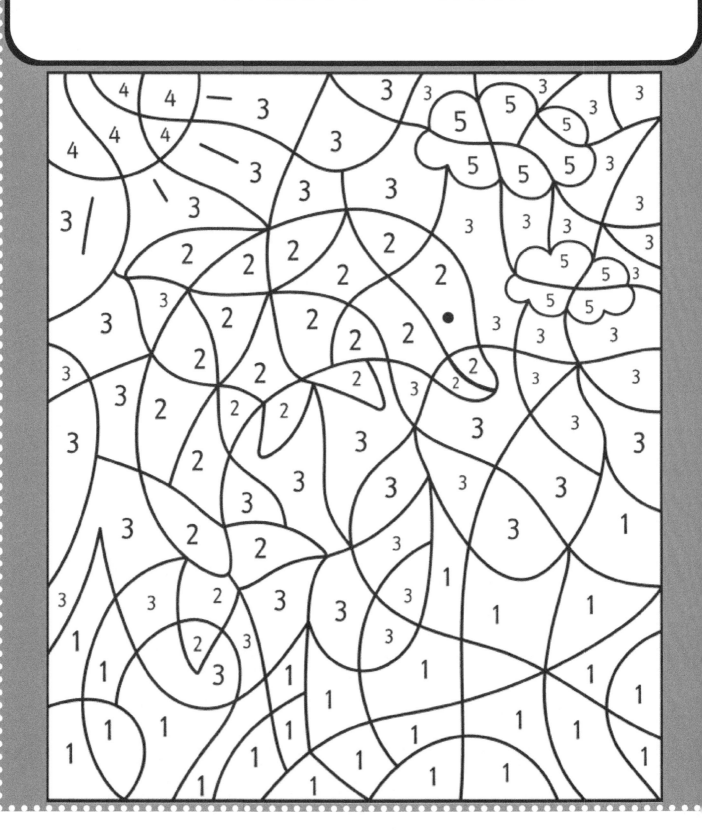

Made in the USA
Las Vegas, NV
23 March 2024

87648691R00057